STIFTUNG
PREUSSISCHE SCHLÖSSER UND GÄRTEN
BERLIN-BRANDENBURG

Organisation der
Vereinten N… …ür
Bi… …t,

Schlösser und Parks
von Potsdam und Berlin
Welterbestätte
seit 1990

Michael Zajonz

Sanssouci

Park · Schlösser · Bauten

Prestel
München · London · New York

Der Park Sanssouci

»Ich will nicht wie die Römer bauen, es soll nur bey meinem Leben dauern«, soll Friedrich der Große gegenüber einem Potsdamer Bauinspektor geäußert haben. Es ging um Reparaturen an königlichen Bauten. Ob der König hier nur seine zuweilen unvernünftige Sparsamkeit bei Bauprojekten eingestand oder doch auf Widerspruch hoffte, sei dahingestellt. Die Geschichte von Sanssouci belehrt uns eines Besseren. Sie »dauert« mittlerweile 270 Jahre. Längst entschieden ist auch die universelle Bedeutung von Friedrichs Schöpfung: Seit 1990 gehört der Schlosspark von Sanssouci als wichtigster Bestandteil der Berlin-Potsdamer Schlösserlandschaft zum Welterbe der UNESCO.

Sanssouci ist nicht das Werk eines Einzelnen. Generationen haben an dieser etwa 290 Hektar großen Gesamtanlage gebaut, sie erweitert, bepflanzt und gepflegt. König Friedrich Wilhelm IV., der Künstler wie den Architekten Karl Friedrich Schinkel und den Gartengestalter Peter Joseph Lenné heranzog, hat Mitte des 19. Jahrhunderts das Aussehen des Parks und seiner Bauten mindestens so stark geprägt wie sein Urgroßonkel. Auch nach dem Ende der preußischen Monarchie 1918 sorgten und sorgen denkmalpflegerische Entscheidungen für den steten Wandel der historischen Kulturlandschaft. Lenné hat es 1825 so formuliert: »Durch seine Beziehung auf den Menschen gewinnt das Landschaftsbild erst seine Vollendung.«

Der Park von Sanssouci ist ein Gesamtkunstwerk, gefügt aus Bauwerken, Skulpturen und gestalteter Natur. Streng geometrische Gartenanlagen nach französischen Vorbildern im Lustgarten treffen im westlichen Teil des Parks auf Bereiche, die in englischer Tradition einen eher naturnahen Eindruck vermitteln. Entlang der schnurgeraden, mehr als zwei Kilometer langen Hauptallee, die am Neuen Palais endet, reihen sich Skulpturenrondelle und Wasserspiele aneinander. Das Herzstück der Anlage bilden die berühmten Weinbergterrassen von Sanssouci.

Die verspielten heiteren Formen des Rokoko gelten als vollkommener Ausdruck französischer Lebensart. Auch Friedrich II., genannt der Große, fühlte sich schon als Kronprinz zu allem hingezogen, was aus Frankreich kam: zur Literatur, Malerei, Philosophie, vor allem jedoch zur Sprache. Dass Friedrich als vielseitig begabter Mensch, dem eine gründliche musische Erziehung verwehrt geblieben war, selbst zahlreiche originelle Akzente setzen konnte, wird in der eigenständigen Qualität des Friderizianischen Rokoko deutlich. In den Schlössern und Gärten von Rheinsberg, Berlin und Potsdam schufen Architekten, Maler, Bildhauer, Gärtner und hochspezialisierte Kunsthandwerker eine einmalige Synthese aus französischen Vorbildern, holländischen Einflüssen und einheimischen Traditionen.

Nach dem frühen Tod seiner Lieblingsschwester Wilhelmine, der Markgräfin von Bayreuth, berief der König talentierte Handwerker und Gestalter aus Franken. Gemeinsam mit anderen Einwanderern sorgten sie erneut für frischen künstlerischen Wind. Mit Großaufträgen wie dem Bau des Neuen Palais oder der Gründung der Königlichen Porzellan-Manufaktur in Berlin förderte Friedrich gezielt die einheimische Wirtschaft und Luxusindustrie.

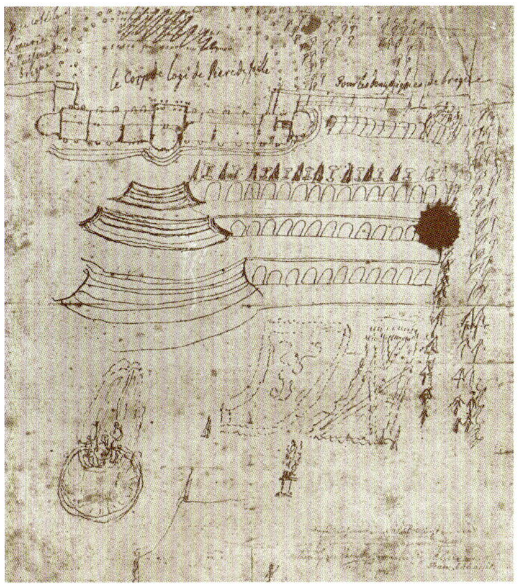

Oben links: Feldherr, Musenkönig, Herrscher des aufgeklärten Absolutismus, Philosoph von Sanssouci: Friedrich II., genannt der Große, ist der schillerndste Charakter unter den preußischen Königen. Der Herrscher, der in den beiden Schlesischen Kriegen und im Siebenjährigen Krieg die Position Preußens in Europa festigte, erschuf sich im Potsdamer Gartenreich ein Refugium fernab allen Staatsgetöses. Das Gemälde von Johann Georg Ziesenis, entstanden 1763, gilt als das einzige Porträt seiner langen Regierungszeit, für das er persönlich Modell saß.

Links: Im Konzertzimmer von Sanssouci, dem Meisterwerk des Friderizianischen Rokoko, versammelte der König allabendlich Musiker wie Johann Joachim Quantz, Carl Philipp Emanuel Bach und Carl Heinrich Graun um sich. Der musikalische König griff gern auch selbst zur Querflöte. Adolph Menzel hat die Szene in seinem berühmten Bild **Das Flötenkonzert Friedrichs des Großen in Sanssouci** festgehalten.

Oben rechts: Die Anlage von Sanssouci geht auf Ideen Friedrichs des Großen zurück. Auf seiner eigenhändigen Skizze von 1744 erkennt man die Weinbergterrassen, das Fontänenrondell sowie die Raumfolge von Schloss Sanssouci. Auch Potsdamer Bürgerhäuser nach dem Vorbild italienischer Renaissance- und Barockpaläste hat der König gern »entworfen«. Für die Architekten waren seine Ideen nicht immer leicht umzusetzen: So musste Georg Wenzeslaus von Knobelsdorff erst überzeugt werden, Schloss Sanssouci nicht zu unterkellern und auf einen Sockel zu stellen, sondern es ebenerdig auf die Terrasse zu öffnen.

Schloss Sanssouci

Das Schloss auf dem Weinberg ist die bekannteste und originellste Schöpfung des Friderizianischen Rokoko. Ein Sommerschloss vor den Toren Potsdams wollte sich Friedrich der Große bauen, wo er ohne Sorgen, »sans souci«, mit befreundeten Künstlern und Intellektuellen musizieren, philosophieren und tafeln konnte – ganz so, wie er es während seiner Kronprinzenzeit in Rheinsberg genossen hatte. 1744 ließ der Obst liebende König am Wüsten Berg westlich der Potsdamer Altstadt einen terrassierten Weinberg anlegen. Im Jahr darauf erfolgte die Grundsteinlegung für das von Georg Wenzeslaus von Knobelsdorff nach einer Idee des Königs entworfene Schloss, das 1747 fertiggestellt werden konnte. Später kamen als rahmende Begleitbauten die Bildergalerie und die Neuen Kammern hinzu.

Für ein königliches Lustschloss ist Sanssouci ungewöhnlich intim und bescheiden. An den ovalen Marmorsaal, den Ort berühmter Tafelrunden, schließen sich östlich die aus fünf Räumen bestehende Wohnung Friedrichs und westlich fünf Gästezimmer an. Zum nördlichen Ehrenhof – der eigentlichen Haupteingangsseite – vermittelt ein Vestibül. Die ursprünglich eingeschossigen Seitenflügel wurden von 1840 bis 1842 nach Plänen von Ludwig Persius erneuert. Sie beherbergten die Schlossküche – die besichtigt werden kann –, sowie Wirtschafts- und Wohnräume für Hofbedienstete.

Oben: Der Entwurf für die berühmten Weinbergterrassen von Sanssouci stammt von Friedrich dem Großen persönlich (S. 5). Unter Leitung des Architekten Friedrich Wilhelm Diterichs wurden sechs geschwungene Terrassen errichtet, um eine größtmögliche Ausnutzung der Sonnenstrahlung zu erreichen. Entlang der Stützmauern wechseln Flächen, an denen Spaliere mit heimischen Obst- und Weinsorten emporranken, mit 168 verglasten Nischen, in denen empfindlichere Sorten wachsen. 132 Stufen führen vom Fontänenrondell zur obersten Schlossterrasse hinauf.

Oben: Ebenerdig, ohne Sockelgeschoss, öffnet sich Schloss Sanssouci mit großen Flügeltüren auf die Schlossterrasse. Laubengänge und Gitterpavillons verdeckten die ehemals wenig repräsentativen Wirtschaftsflügel. Am östlichen Ende der Terrasse ließ sich Friedrich schon 1744 eine unterirdische Gruft für sein Grab anlegen – direkt neben den Gräbern seiner geliebten Windhunde. »Im Übrigen will ich, was meine Person betrifft, in Sanssouci beigesetzt werden, ohne Prunk, ohne Pomp und bei Nacht«, hatte er verfügt. Sein Wunsch sollte erst 1991 in Erfüllung gehen.

Links: Im Marmorsaal philosophierte und soupierte der preußische Monarch im Kreise gelehrter Freunde, zu denen zeitweise auch der französische Schriftsteller und Philosoph Voltaire gehörte. Zentral auf der Gartenseite gelegen, erinnert der ovale Marmorsaal mit der durch ein Oberlicht geöffneten Kuppel an das Pantheon in Rom. Säulen, Wandverkleidungen und der kostbare Fußboden wurden aus carrarischem und schlesischem Marmor gearbeitet, die vergoldeten Stuckarbeiten stammen von Carl Joseph Sartori und Johann Peter Benkert.

Ruinenberg

Wie eine Theaterkulisse wirken die künstlichen Ruinen auf dem nördlich von Schloss Sanssouci gelegenen Höneberg, der seither Ruinenberg heißt. Und tatsächlich war es ein Bühnenbildner, der Italiener Innocente Bellavita, der Knobelsdorffs Entwürfe für die malerische Architekturstaffage überarbeitet hat. Die Ruinen verdecken ein kreisrundes Wasserbecken, von dem aus die Fontänen des Schlossparks mittels Schwerkraft gespeist werden. Da es zu Friedrichs Zeiten nicht gelang, Wasser vom Havelufer aus auf den Berg zu pumpen, erlebte der König nur ein einziges Mal am Karfreitag 1754, als sich genug Schmelzwasser im Reservoir gesammelt hatte, das Sprudeln des Wassers. Die dauerhafte Inbetriebnahme der Fontänen von Sanssouci gelang erst 1842 durch den Einsatz einer Dampfmaschine.

Oben: Vom Ehrenhof von Schloss Sanssouci fällt der Blick auf den höher gelegenen Ruinenberg. Friedrich der Große ließ dort 1748 künstliche Ruinen errichten, um das Wasserreservoir für den Park zu kaschieren. Das technisch aufwendige und extrem kostspielige Bewässerungssystem scheiterte. Erst 100 Jahre später konnte eine von August Borsig erbaute, 81,4 PS starke Dampfmaschine in Betrieb genommen werden. Im Vordergrund sprudelt der 1852 nach einer Skizze von Friedrich Wilhelm IV. errichtete Rossbrunnen.

Links: Der Normannische Turm samt angrenzender Ruinenwand in der Art eines römischen Amphitheaters krönt die Kulissenarchitektur des Ruinenbergs. Bereits in Friedrichs Rheinsberger Kronprinzenzeit entstanden erste Skizzen für Ruinenprojekte. Für den Ruinenberg entwarfen Knobelsdorff und Bellavita neben der Ruinenwand einen Monopteros, drei ein Gebälk tragende ionische Säulen sowie eine kleine Pyramide. Der Normannische Turm, den Ludwig Persius 1845/46 auf Wunsch Friedrich Wilhelms IV. erbaute, ersetzte eine hölzerne Aussichtsplattform.

Historische Mühle und Felsentor

Rechts: Unweit von Schloss Sanssouci erhebt sich die Historische Mühle. Ihr Klappern soll, so die nicht wahrheitsgemäße Legende, Friedrich den Großen so gestört haben, dass er den Müller aufforderte, sie abzureißen. Als dieser mit dem Gang vor das Berliner Kammergericht drohte, fügte sich der König. Die populäre Geschichte verbreitete das Bild des gesetzestreuen Monarchen, der sich wie jeder andere Bürger den Regeln des auf seine Initiative hin begründeten Rechtsstaats unterwerfen musste. Die ursprüngliche Bockwindmühle von 1738 wurde von 1787 bis 1791 durch eine Turmwindmühle nach holländischer Bauart ersetzt. Bereits 1858 stillgelegt, wurde diese im April 1945 zerstört. Die heutige Mühle ist ein Wiederaufbau aus den 1990er-Jahren, seit 1995 wird sie von der Mühlenvereinigung Berlin-Brandenburg als Museum betrieben.

Unten: Zu den großen Plänen, die Friedrich Wilhelm IV. für die Umgestaltung des Bornstedter Höhenzugs hegte, gehörten ein Viadukt, ein Logierhaus und ein Nymphäum westlich von Sanssouci. Ausgeführt wurde lediglich der Umbau der 1750 errichteten Thetisgrotte zum Felsentor. Seit Mitte der 1840er-Jahre wird es von der Zinkguss-Skulptur eines Adlers bekrönt, der eine Schlange in seinen Klauen hält. Alljährlich ist der Park von Sanssouci und auch das Felsentor eine magische Kulisse für die Potsdamer Schlössernacht.

Neue Kammern

Links: Die Neuen Kammern im Westen und ihr Gegenstück, die östlich liegende Bildergalerie, flankieren Schloss Sanssouci. Die ehemalige Orangerie wurde von 1771 bis 1775 von Georg Christian Unger zu Gästeappartements für die engsten Freunde Friedrichs des Großen umgebaut und mit einer Kuppel bekrönt. Die großen Fenstertüren erinnern noch an die ehemalige Nutzung. Im Hintergrund sieht man die Historische Mühle. Der ehemalige Kirschgarten, in dem Friedrich seine Lieblingsfrucht gedeihen ließ, wurde in den letzten Jahren nachgepflanzt.

Oben: Außer Gästezimmern enthalten die Neuen Kammern vier aufeinanderfolgende Festsäle – ein später Höhepunkt des Friderizianischen Rokoko. Die Ovidgalerie folgt dem Vorbild französischer Spiegelsäle, mit wandhohen Spiegeln, die das Licht der gegenüberliegenden Terrassentüren reflektieren. Die vergoldeten Wandreliefs, die nach den **Metamorphosen** des römischen Dichters Ovid Szenen aus dem Liebesleben antiker Götter zeigen, stammen aus der Werkstatt der Bayreuther Bildhauerbrüder Johann David und Johann Lorenz Wilhelm Räntz.

Unten: Für seine Gäste holte Friedrich der Große die Natur ins Haus. Im Großen Intarsienkabinett verarbeiteten die Gebrüder Heinrich Wilhelm und Johann Friedrich Spindler tropische und einheimische Hölzer. Manche der Furnierstücke erhielten durch das Eintauchen in glühenden Sand dunkle Konturen, wodurch die Intarsien plastischer wirken. Farbabstufungen erreichte man durch Auftragen von Wachs. Die Binnenzeichnung der Einlegearbeiten wurde mit heißen Nadeln in die Holzoberfläche geritzt. Sie stellen Pflanzen, Früchte, Vögel, Jagdwerkzeuge und Musikinstrumente dar.

Bildergalerie

Ein wenig übertrieben hat der Marquis d'Argens schon, als er Friedrich dem Großen 1761 aus Potsdam ins Feldlager schrieb, die gerade im Bau befindliche Bildergalerie sei »nach St. Peter in Rom das schönste Ding auf Erden«. Die lange Bauzeit von 1755 bis 1764 erklärt sich durch den Siebenjährigen Krieg, der Preußens Ressourcen band. Am Außenbau lässt sich das Lob des Marquis nur bedingt nachvollziehen, doch der Innenraum des ältesten erhaltenen fürstlichen Museumsbaus in Deutschland besticht durch kostbare Stuckaturen, den gelb-weißen Marmorfußboden und die in barocker Manier dicht an dicht gehängten Gemälde. Der König erwarb für die Bildergalerie Spitzenwerke des flämischen, holländischen und italienischen Barocks, so von Rubens, Rembrandt und Correggio, die 1829 teilweise den Grundstock für die Berliner Gemäldegalerie bildeten.

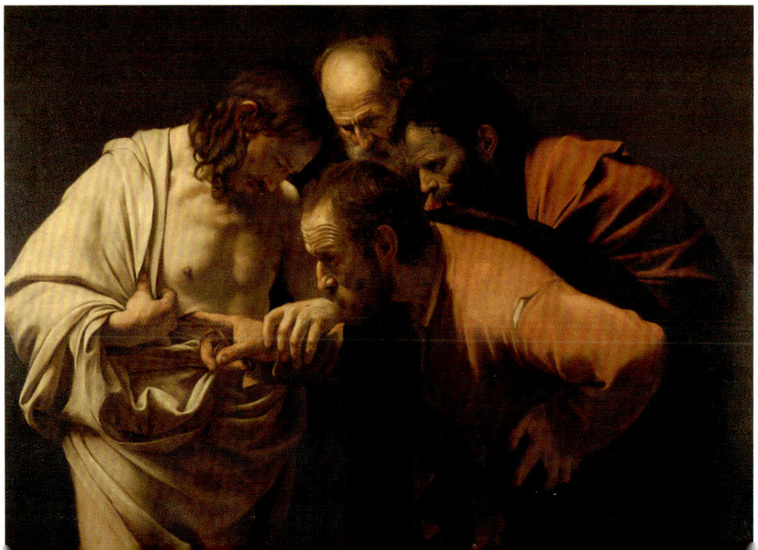

Vorige Doppelseite: Die Bildergalerie von Sanssouci ist eine der spektakulärsten Raumschöpfungen Johann Gottfried Bürings. Friedrichs Gemälde – in seinem Todesjahr 1786 waren es 178 – werden trotz späterer Zu- und Abgänge bis heute nach ihrer Herkunft geordnet präsentiert: im westlichen Teil der Galerie die Niederländer, im östlichen die Italiener, Kleinformate im östlichen Kabinett.

Oben: Schon der plastische Schmuck der Südseite verrät, dass es sich um einen der Kunst und der Erkenntnis geweihten Bau handelt. Die frei vor der Fassade aufgestellten Marmorskulpturen und die Sandsteinfiguren der Attika – mehrheitlich Arbeiten von Johann Peter Benkert, Johann Gottlieb Heymüller und Benjamin Giese – stellen Allegorien der Künste und Wissenschaften dar. An berühmte Künstler der Weltgeschichte erinnern die 20 Schlusssteinköpfe über den Fenstern: von Apelles und Phidias bis zu Albrecht Dürer und Peter Paul Rubens.

Links: Das heute wohl berühmteste Bild, Caravaggios **Ungläubiger Thomas** (um 1603), gelangte erst 1963 in die Bildergalerie. Zuvor hing es im Berliner Schloss und im Neuen Palais. Friedrich Wilhelm III. erwarb es 1815 mit der römischen Sammlung Giustiniani.

Oranierrondell

Vor der Bildergalerie liegt das Oranierrondell – benannt nach den Marmorbüsten holländischer Verwandter des Hauses Hohenzollern. Im 17. Jahrhundert waren die dynastischen Bindungen zwischen Brandenburg-Preußen und den Niederlanden besonders eng: Friedrich Wilhelm, der Große Kurfürst, heiratete 1646 Luise Henriette, die Tochter von Prinz Friedrich Heinrich von Oranien, dem Statthalter der niederländischen Provinzen. Ihr zu Ehren wurde Schloss Oranienburg nördlich von Berlin benannt.

Obeliskportal und Neptungrotte

Wie die meisten historisch gewachsenen Schlossparks lebt Sanssouci durch zahlreiche kleinere Parkbauten, die nach und nach entstanden sind und die gestaltete Landschaft mit Bildern und Anspielungen bereichern. Die Hofgesellschaft liebte es, beim Spaziergang geistreiche visuelle Überraschungen wie die ab 1751 errichtete Neptungrotte oder den Kontrast zwischen dem klassischen Obeliskportal und dem das alte Ägypten zitierenden Obelisk zu genießen.

Rechts: In Geschmacksdingen war Friedrich der Große konservativ, Bewährtes ließ er gern wiederholen. Beim Bau des Obeliskportals musste sich Georg Wenzeslaus von Knobelsdorff selbst kopieren. Das aus korinthischen Säulen mit bekrönenden Vasen bestehende Portal nimmt die Form des nur wenige Jahre zuvor entstandenen Gartenportals von Rheinsberg auf, wo Friedrich als Kronprinz glückliche Jahre verlebt hatte. Gerahmt wird das Portal von niedrigen Mauern, auf denen Statuen der Göttinnen Flora und Pomona stehen – sie verweisen auf die Nutzung des Parks als Zier- und Nutzgarten.

Unten: Die Neptungrotte im östlichen Lustgarten gehört zu den Wasserspielen, mit denen Friedrich seinen Park verschönern wollte. Die aus weißem und rosafarbenem schlesischem Marmor errichtete Grotte ist das letzte Bauwerk von Knobelsdorff, der die Fertigstellung nicht mehr erlebte. Das seit Jahrzehnten baufällige Gebäude wird derzeit saniert. Das Aquarell von Julius Schlegel zeigt den Zustand um 1857.

Französisches Figurenrondell

Oben: Das Französische Rondell mit der großen Fontäne ist das Zentrum des Lustgartens und Blickfang der Gartenanlage. Zwölf Skulpturen schmücken das von Buchsbaumhecken gesäumte Wasserbecken. 1750 erhielt Friedrich der Große fünf Marmorskulpturen französischer Bildhauer von König Ludwig XV. zum Geschenk, die den Grundstock des Skulpturenschmucks bildeten. Die halbrunden Marmorbänke ließ Friedrich Wilhelm IV. hinzufügen.

Rechts: Die Skulpturen am Französischen Rondell gehören zu den kostbarsten und meistinterpretierten Bildwerken im Park – auch wenn sie heute in Form von Kopien aus den Jahren 1998 bis 2011 rund um die Große Fontäne stehen. Jean-Baptiste Pigalle hatte 1748 Skulpturen von Venus und Merkur geschaffen, die von Lambert Sigisbert Adam und dessen Bruder François Gaspard Adam zu einem Figurenprogramm ergänzt wurden. Dargestellt sind Götter des Olymp sowie die vier Elemente Feuer, Wasser, Luft und Erde.

Chinesisches Haus

Mit der Verbesserung der Handelswege wuchs in Europa die Faszination an fremden Hochkulturen. Besonders China wurde zum Land der Sehnsucht – zumal europäische Fürsten des 17. und 18. Jahrhunderts oft »porzellansüchtig« waren. Im Laufe des 18. Jahrhunderts steigerte sich die Chinamode, Chinoiserie genannt, zum umfassenden höfischen Kulturphänomen, das sich mit einheimischen Tendenzen mischte. Im modischen »Jardin anglo-chinois« kombinierte man Parkpartien mit freieren Formen und geschlängelten statt schnurgeraden Wegen mit möglichst exotisch anmutenden Parkbauten.

Friedrich der Große hielt sich über Architektur und Gartenkunst durch zeitgenössische Stichwerke auf dem Laufenden. Vorbild für das von 1755 bis 1764 nach einer eigenhändigen Zeichnung Friedrichs von Johann Gottfried Büring errichtete Chinesische Haus war ein 1738 im Schlosspark von Lunéville (Lothringen) entstandener Gartenpavillon, den dessen Architekt Emmanuel Héré de Corny 1753 in einem Stichwerk publizierte. Friedrich besaß ein Exemplar des Buchs.

Links: Wie ein Gruß aus fernen Welten leuchtet das Chinesische Haus inmitten des dichten Grüns der Parklandschaft. Sein Grundriss erinnert an ein dreiblättriges Kleeblatt: Um den zentralen Kuppelraum gruppieren sich drei niedrigere Seitenkabinette im Wechsel mit drei säulengeschmückten Terrassen. Da der Bau für kleinere Feste diente, ließ Friedrich der Große in unmittelbarer Nähe ein kleines Küchengebäude errichten.

Oben: Ungewöhnlich ist die Platzierung der vergoldeten Sitzfigur eines chinesischen Mandarins auf dem Dach. Sie geht vermutlich auf die 1667 erschienene China-Enzyklopädie des Jesuiten und Universalgelehrten Athanasius Kircher zurück. Die Figur mit den Zügen des chinesischen Philosophen Konfuzius und dem gewundenen Caduceus-Stab des römischen Götterboten Merkur ist in ihrem Sinngehalt so mehrdeutig wie das gesamte Ausstattungsprogramm des Chinesischen Hauses.

Oben: Zu Füßen der Säulen in Form von Palmenstämmen, die das bemalte Kupferdach tragen, haben sich ganze Figurengruppen niedergelassen und sind in fröhlicher Bewegung erstarrt. Der theatralische Effekt dieser Inszenierung überwältigt bis heute.

Rechts: Schon Zeitgenossen kritisierten, dass die vergoldeten Sandsteinskulpturen musizierender, Tee trinkender, rauchender und essender Chinesen wie kostümierte Mitteleuropäer wirkten. Ob dies auf die künstlerischen Möglichkeiten der Bildhauer Johann Gottlieb Heymüller und Johann Peter Benkert zurückzuführen ist oder beabsichtigt war, um an die Praxis höfischer Kostümfeste anzuknüpfen, bleibt bis heute ein Thema kunstwissenschaftlicher Deutungen. Überliefert ist, dass 1745 in Rheinsberg in Anwesenheit des Königs ein Fest stattfand, bei dem sich Teile der Hofgesellschaft als Gesandtschaft des Kaisers von China kostümierten.

Rechte Seite: Friedrich selbst bezeichnete den kreisrunden Saal des Chinesischen Hauses, in dem an warmen Sommertagen die Tafelrunde zu speisen pflegte, als seinen »Affensaal«. Die illusionistische Kuppelausmalung von Thomas Huber nach Entwürfen des Berliner Akademiepräsidenten Blaise Nicolas Le Sueur zeigt hinter einer Balustrade Chinesen zwischen Buddhafiguren, Affen und Papageien. Die Darstellung menschlicher Schwächen in Gestalt von Tieren war seit der Antike in der Kunst beliebt. Friedrich der Große etwa schrieb 1742 einen Einakter mit dem Titel **Der Modeaffe**. Der »gelehrte Affe« mit Halskrause und Brille hingegen könnte als Hommage an Friedrichs 1751 verstorbenen Freund Julien Offray de La Mettrie gedacht sein. In seinem berühmten Buch **L'homme machine** hatte der Philosoph und Mediziner La Mettrie den wesenhaften Unterschied zwischen Tieren und Menschen bestritten.

Neues Palais

Eine »Fanfaronade«, eine Prahlerei, nannte Friedrich der Große das Neue Palais. Es gehört zu den großen Schlossprojekten seiner Zeit und schließt – zumindest in Preußen – eine Epoche ab. Seit Mitte der 1750er-Jahre durch Johann Gottfried Büring und Heinrich Ludwig Manger geplant, sollte es zunächst in südlicher Verlängerung der Terrassenachse des Weinbergs vis-à-vis von Schloss Sanssouci am Havelufer entstehen. Hätte sich der Park von Sanssouci dadurch nach Süden und nicht, wie tatsächlich geschehen, nach Westen ausgedehnt, wäre die Potsdamer Stadtentwicklung im 19. und 20. Jahrhundert völlig anders verlaufen.

Gebaut wurde schließlich nach Beendigung des Siebenjährigen Kriegs von 1763 bis 1769 am westlichen Ende der Hauptallee von Sanssouci. Ab 1765 übernahm der aus Bayreuth berufene Architekt Carl von Gontard die oberste Leitung über den Bau, der Preußens Ressourcen voll ausschöpfte, zugleich aber auch wie ein Arbeitsbeschaffungsprogramm für die darniederliegende Luxusindustrie des Königreichs wirkte. Mit seiner prospekthaften Wirkung schließen das Neue Palais und die jenseits des Ehrenhofs liegenden Wirtschaftsbauten der Communs den Park Sanssouci wirkungsvoll nach Westen ab.

Oben: Imposant nimmt sich das Neue Palais nicht nur im Luftbild aus. Errichtet wurde das 220 Meter lange Schloss als noble Herberge für Familienangehörige und fürstliche Gäste des Königs. Die 55 Meter hohe Kuppel, die lediglich einen nicht ausgebauten Dachraum umschließt, wird durch die Figurengruppe der drei Grazien bekrönt. Sie tragen die preußische Königskrone.

Rechts: Wie beim Schloss Sanssouci entwickelte sich auch beim Neuen Palais die zum Park hin gerichtete Gartenseite zur populären Ansichtsseite des Schlosses. Die Außenarchitektur des Schlosses folgt niederländischen und englischen Vorbildern. Der reiche plastische Fassadenschmuck aus Sandstein wird von glatt verputzten Wänden hinterfangen, deren kräftig roter Anstrich mit aufgemaltem Fugenbild wie unverputztes Ziegelmauerwerk wirken soll.

Vorige Doppelseite: Das Neue Palais soll beeindrucken – doch der Hausherr selbst hielt sich zurück. Im eingeschossigen südlichen Seitenflügel – im Foto links – ließ sich Friedrich der Große eine eigene Wohnung einrichten, die er jedoch nur selten bewohnte. Zur ständigen Sommerresidenz wurde das Schloss erst im Dreikaiserjahr 1888. Der 99-Tage-Kaiser Friedrich III. starb hier am 15. Juni 1888. Dessen Sohn, Kaiser Wilhelm II., bewohnte das Neue Palais bis zum Ende der Monarchie 1918 und ließ dafür Modernisierungen und Umbauten vornehmen. Dazu zählt die skulpturengeschmückte Terrasse an der Gartenseite.

Oben: Friedrich der Große liebte Theater- und Opernaufführungen. Das Schlosstheater im Neuen Palais zählt zu den schönsten erhaltenen Theatersälen des Rokoko und wird bis heute bespielt. Die hölzernen Skulpturen, die die Logen säumen, entwarf und schnitzte der Zierratenbildhauer Johann Christian Hoppenhaupt der Jüngere, der mit seinem Bruder Johann Michael seit 1740 maßgeblich an der Ausstattung der preußischen Schlösser beteiligt war. Eine Königsloge sucht man im Schlosstheater vergeblich: Friedrich saß bei Aufführungen im Parkett.

Links: Friedrich der Große soll täglich mindestens eine Stunde musiziert haben. Deshalb nehmen die Konzertzimmer in allen seinen persönlichen Wohnungen künstlerisch eine Sonderstellung ein und liegen in unmittelbarer Nähe des Schlaf- und Arbeitszimmers. So auch im Neuen Palais: Die zartgrün und blassgelb lackierten Holzvertäfelungen mit den vergoldeten Dekorationen von Hoppenhaupt dem Jüngeren werden durch große Spiegelflächen festlich gesteigert.

Communs

Architektonisch sind sie mit ihrem betonten Sockelgeschoss und den frei stehenden Säulen die Antithese zum Neuen Palais – und eine pompöse Hülle für einen prosaischen Inhalt: Die Communs westlich des Neuen Palais beherbergten Wirtschaftsräume und boten Aufenthaltsmöglichkeiten für Hofbedienstete. Geplant und errichtet wurden sie unter Einbeziehung erster Entwürfe des französischen Architekten Jean Laurent Legeay durch Carl von Gontard. Nach zahlreichen Umbauten im Inneren sind heute Teile der Universität Potsdam dort untergebracht. Auf dem geräumigen gepflasterten Platz vor den Communs, der Mopke, wurden Hoffeste veranstaltet und Militärparaden abgehalten. Noch heute finden hier alljährlich zur Potsdamer Schlössernacht festliche Sinfoniekonzerte statt.

Rehgarten und Antikentempel

Oben: Vergoldete Sonnen schmücken den Treillage-Pavillon im Rehgarten. Der auch Sonnenlaube genannte Eisenpavillon wurde 1770 am »Englischen Gang« errichtet. Heute präsentiert sich der weitläufige Rehgarten in der Fassung Peter Joseph Lennés aus dem 19. Jahrhundert. Doch bereits 1767 hatte Friedrich der Große den Hofgärtner Friedrich Zacharias Saltzmann mit einer ersten Umgestaltung in Anlehnung an frühe englische Landschaftsparks beauftragt. Wie englisch der Rehgarten damals tatsächlich gewesen ist, darüber entbrannte eine Kontroverse zwischen Saltzmann und dem Gartentheoretiker Christian Cay Lorenz Hirschfeld. Der Gärtner begegnete dem Akademiker mit Pragmatismus: »Englische Parks sind nur in England schön … Alle Nachahmungen in unserem Klima werden weit zurückbleiben.«

Links: Das Sammeln antiker Skulpturen, Münzen und Gemmen gehörte zum fürstlichen Selbstverständnis. Friedrich der Große hatte eine bedeutende Antikensammlung geerbt, die er durch Ankauf der Sammlung Polignac und der Gemmensammlung des Barons von Stosch glanzvoll ausbaute. Der Antikentempel zitiert nicht zufällig das römische Pantheon, sondern formuliert im Bild der erneuerten Antike einen Herrschaftsanspruch. 1768 durch Carl von Gontard für die Unterbringung kleinformatiger Antiken entworfen, dient er seit 1921 als Mausoleum der im holländischen Exil verstorbenen letzten deutschen Kaiserin Auguste Viktoria.

Freundschaftstempel

Oben: Den Freundschaftstempel gab Friedrich der Große bei Carl von Gontard zum zehnten Todestag der 1758 verstorbenen Markgräfin Wilhelmine von Bayreuth in Auftrag. Mit der drei Jahre älteren Lieblingsschwester verband Friedrich weit mehr als gleiche Interessen: »Seit ich erklomm des Lebens erste Stufen / War treue Liebe uns ein einend Band / … Der eine hielt dem andern nichts verborgen / Als schlügen unsere Herzen ungetrennt.« Die überlebensgroße Sitzfigur der Markgräfin, geschaffen von den Gebrüdern Räntz, war für die damalige Zeit ungewöhnlich, doch erst recht singulär wird die Inszenierung zu Ehren einer Frau durch die Marmormedaillons an den Säulen, die – natürlich männliche – Freundschaftspaare aus der Zeit des Trojanischen Kriegs zeigen.

Rechts: Als Pendant zum Antikentempel südlich der Hauptallee und als intimer Rückzugsort war der Freundschaftstempel ursprünglich ebenfalls wesentlich dichter in die Vegetation des Rehgartens eingebettet. Für seine Freistellung sorgte Peter Joseph Lenné, der den Rehgarten seit den 1820er-Jahren überarbeitete. Durch weite Sichten verband der Landschaftsarchitekt den friderizianischen Rehgarten geschickt mit den ab 1825 südlich anschließenden Parkpartien von Charlottenhof.

Belvedere auf dem Klausberg

Links: Wiederauferstanden aus Ruinen: Das gilt für das Belvedere auf dem Klausberg gleich doppelt. Das zweistöckige Gebäude, das Georg Christian Unger von 1770 bis 1772 als letztes größeres friderizianisches Bauwerk im Park schuf, ist eine freie Rekonstruktion des Macellum Magnum, des kaiserlichen Palasteingangs auf dem römischen Palatin. In den letzten Kriegstagen des Zweiten Weltkriegs verwandelte Artilleriebeschuss das Belvedere in eine echte Ruine. Erst in den 1990er-Jahren wurde es mithilfe der Münchner Messerschmitt Stiftung restauriert.

Unten: Vom Oberen Saal des Belvedere mit seinen rundbogigen Fenstertüren schweift der Blick über den Park von Sanssouci, die Residenzstadt Potsdam und das reizvolle, hügel- und seenreiche Umland: wahrlich eine »schöne Aussicht«. Der grünblau schimmernde Stuckmarmor der Wände verstärkt den luftigen Eindruck. 2002 wurden die Innenräume des Belvedere nach langwieriger Rekonstruktion wieder der Öffentlichkeit übergeben.

Links: Das in Gestalt einer chinesischen Pagode errichtete Drachenhaus oberhalb der Maulbeerallee diente als Wohnung für den Winzer des Klausbergs. Der nahe gelegene Weinberg wird seit 2006 mit Unterstützung der Berliner Mosaik-Werkstätten für Behinderte neu angelegt und bepflanzt. Seit 1934 beherbergt das Drachenhaus ein Café und Restaurant. 1770 von Carl von Gontard nach einer Vorlage aus Sir William Chambers' **Designs of Chinese Buildings, Furniture, Dresses, Machines and Utensils** (1757) errichtet, ist es ein letztes, besonders originelles Beispiel der höfischen Chinamode in Sanssouci. Der schottische Architekt Chambers hatte bereits 1763 mehrere Architekturpläne an Friedrich den Großen gesandt, darunter für drei – nicht ausgeführte – Brücken »à la Chinoise«.

Unten: 16 farbig gefasste Drachen betonen die konkav geschwungene Dachlandschaft des Drachenhauses und geben dem Gebäude seinen Namen. Die originalen Drachen der Bildhauer Nathanael Eppen und Gerhard Buschmann wurden 1904 durch Kopien ersetzt.

Man nannte ihn den Romantiker auf dem Thron: Friedrich Wilhelm IV., 1795 geboren, war preußischer König von 1840 bis 1861 – in einer Zeit großer gesellschaftlicher Umbrüche. Traumatisch wirkten auf ihn Ereignisse wie die Flucht der königlichen Familie vor Napoleon nach Ostpreußen 1806 und die Revolution von 1848/49. In der Hinwendung zur bildenden Kunst, Architektur und Literatur erschuf sich Friedrich Wilhelm bereits während seiner langen Kronprinzenzeit eine Gegenwelt, die seinen Begabungen entsprach und nicht im Widerspruch zu seinem Selbstverständnis als künftiger König stand.

Als Bauherr in Sanssouci fühlte sich Friedrich Wilhelm IV. seinem Urgroßonkel Friedrich dem Großen nahe. In der Grafischen Sammlung der Stiftung Preußische Schlösser und Gärten haben sich Tausende Architekturzeichnungen und Skizzen von seiner Hand erhalten. Sie zeigen die beachtliche künstlerische Begabung des Königs und lassen sich zudem meist konkreten Bauprojekten zuordnen.

Oben links: Neben der Antike schwärmte der tiefreligiöse Friedrich Wilhelm IV. für die Kunst des Mittelalters mit ihren Klöstern, Domen und Kapellen. Franz Krüger malte 1846 das Porträt des Königs in seinem Arbeitszimmer im Berliner Schloss. Karl Friedrich Schinkel hatte diesen Raum stilgerecht in die spätgotische Erasmuskapelle eingebaut.

Links: Der Name Römische Bäder bezieht sich auf einige Innenräume, die zeitgenössische archäologische Kenntnisse von römischen Villen und Thermenanlagen mit der romantischen Antikensehnsucht Friedrich Wilhelms IV. verbinden. Eine Wanne aus grünem Jaspis, die Zar Nikolaus I. von Russland seinem preußischen Schwager schenkte, beherrscht das Atrium.

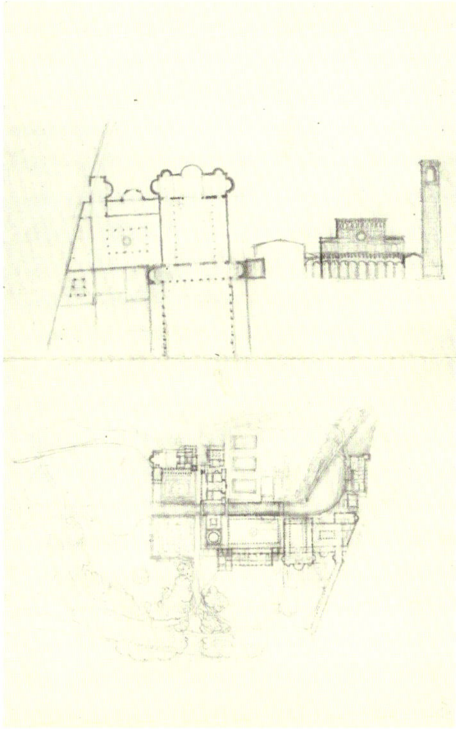

Oben rechts: 1836 oder 1837 entstand die Zeichnung, mit der Kronprinz Friedrich Wilhelm (IV.) den damaligen Planungsstand zur Erweiterung der Römischen Bäder Richtung Osten zusammenfasste. Jenseits des Schafgrabens sollte eine dreischiffige Basilika in frühchristlichen Formen mit Campanile, Campo Santo und Baptisterium errichtet werden. Die nicht realisierten Ideen gingen später in die Planung der Friedenskirche im Marlygarten ein.

Schloss Charlottenhof

Der südliche Traum, den Schloss Charlottenhof mit den korrespondierenden Gartenpartien und Nebengebäuden vermittelt, erwuchs buchstäblich aus märkischem Sand. Bis 1825 wurde das Gelände des Parkteils Charlottenhof landwirtschaftlich genutzt. Johann Gottfried Büring, der Architekt Friedrichs des Großen, erwarb 1756 das Anwesen und baute es zu einem kleinen Gutsbetrieb aus. Das Wohnhaus dieses »Büring'schen Vorwerks« wurde von Karl Friedrich Schinkel von 1826 bis 1829 zum Sommerschlösschen des preußischen Kronprinzenpaars umgebaut. Sein Name Charlottenhof bezieht sich auf eine der Vorbesitzerinnen: Maria Charlotte von Gentzkow.

»Ich werde«, schrieb Kronprinz Friedrich Wilhelm, »den Garten mit Sans Souci in Verbindung setzen und pflanzen lassen, das hohe Dach des Hauses mit einem flachen vertauschen und ihm so eine allerliebste Form geben lassen.« Durch Schinkels Genialität im Umgang mit vorhandener Bausubstanz und dank des sparsamen Zeitgeists gelang die Transformation eines behäbigen barocken Landhauses in ein klassizistisches Musterschlösschen vollkommen. Auch der Innenausbau spiegelt die beschränkten Mittel des Kronprinzenpaars – was die harmonische Gesamtwirkung eher noch steigert. In Schloss Charlottenhof hat sich die Innenausstattung bis hin zu persönlichen Toilettengegenständen und Schreibtischutensilien erhalten: eine Zeitreise in die Blütezeit des preußischen Klassizismus.

Links: Schloss Charlottenhof mit seinem von Peter Joseph Lenné gestalteten Hausgarten orientiert sich an der Antike. Die erhöhte, von einer Pergola und einer weinüberrankten Exedra gesäumte Terrasse, die weite Blicke in den Park ermöglicht, ist ein südlicher Traum im kühlen Norden. Die Schalenfontäne in der Mitte der Terrasse und die beiden halbrunden Wasserbassins sind möglicherweise vom Löwenhof der Alhambra in Granada inspiriert.

Oben: Auch der Skulpturenschmuck des Gartens zitiert antike Vorbilder. Statuen von Klio und Apoll, Bronzenachgüsse nach antiken Vorbildern, säumen den Aufgang aus dem Rosengarten zur Pergola. Die Muse der Geschichte und der Gott des Lichts und der Künste geleiten den Wanderer unter den weinlaubüberdachten Wandelgang. Weitere Skulpturen auf der Terrasse zeigen Paris, Merkur, die Göttin Fortuna sowie Gaius Julius Caesar.

Vorige Doppelseite: Mit dem Umbau des südwestlich an den Park Sanssouci angrenzenden Gutshofs schuf Karl Friedrich Schinkel in Zusammenarbeit mit Ludwig Persius und dem Gartenarchitekten Peter Joseph Lenné ein einzigartiges Ensemble. Kronprinz Friedrich Wilhelm, der das Gut 1825 von seinem Vater Friedrich Wilhelm III. zu Weihnachten geschenkt bekam, beteiligte sich mit eigenen Entwürfen an der Gestaltung seines »Siam«, seines Orts der Träume und Sehnsüchte, Schloss Charlottenhof.

Oben: Stiche nach Raffaels Ausmalungen der Loggien des Vatikan zieren den Speisesaal von Schloss Charlottenhof. Der größte und festlichste Raum des Hauptgeschosses öffnet sich mit drei Fenstertüren zum Portikus und der Terrasse mit Blick auf Pergola und Exedra. Karl Friedrich Schinkel entwarf für diesen Raum einen vergoldeten Prunktisch mit Marmorplatte nach antikem Vorbild sowie einen Kronleuchter in Form einer Öllampe.

Links: Auf seiner ersten Italienreise hatte Schinkel Pompeji besucht und sich davon inspirieren lassen. So orientiert sich die Ausmalung des Portikus mit Grotesken, die Bernhard Wilhelm Rosendahl 1833 nach Entwürfen Schinkels ausführte, direkt an den gerade wiederentdeckten pompejanischen Wandgemälden. Auf kobaltblauem Grund sieht man Garten- und Brunnenarchitekturen, in die Porzellanmedaillons mit Porträts von Freunden und Verwandten des Kronprinzenpaars eingelassen sind: hier Prinzessin Luise der Niederlande, die jüngste Tochter von Friedrich Wilhelm III. und Königin Luise.

Oben: Elisabeth, Prinzessin von Bayern, die Friedrich Wilhelm 1823 geheiratet hatte, soll eine ruhige, ausgewogene Persönlichkeit gewesen sein. Ihr Schreibkabinett in Schloss Charlottenhof hat Schinkel ganz in Rosa, Moosgrün und Silber gehalten. Schreibtisch, abgerundetes Ecksofa und Ruhebett machen den eher kleinen Raum zum heiteren Rückzugsort. 20 kleinformatige Ölbilder mit an pompejanischen Wandmalereien orientierten Tänzerinnen verstärken den Eindruck von Anmut und Grazie.

Links: Zeltzimmer waren zur damaligen Zeit eine beliebte Mode – schon Friedrich Wilhelm II. hatte sich im Marmorpalais am Heiligen See ein solches einrichten lassen. In dem mit blauweiß gestreiften Papiertapeten und Leinenvorhängen geschmückten Raum in der Südwestecke des Hauptgeschosses schliefen die Hofdamen der Kronprinzessin. Die von Schinkel entworfenen Faltstühle und Hocker aus schwarz gebeiztem Erlenholz gehören zur Erstausstattung.

Dichterhain und Rosengarten

Links: 184 Rosen ließ Peter Joseph Lenné auf den 24 Beeten im Rosengarten pflanzen. 1835 legte er den östlich an die Terrasse anschließenden Garten in drei konzentrischen Kreisen und acht Teilungen um eine Laube herum an. Nach Umgestaltungen 1931 wurde der Rosengarten von 1995 bis 1997 in originaler Form rekonstruiert – ein Mekka für Rosenfreunde. Schon Friedrich Wilhelm IV. war begeistert: »Diese zierliche Anlage gelang so vollkommen, dass die Zeit der Rosen seitdem von Einheimischen und Fremden hier wie eine Festzeit betrachtet wird.«

Unten: Einen Gang durch die Literaturgeschichte ermöglicht der westlich des Schlosses liegende Dichterhain. Kastanien, in Gestalt eines Quincunx – eines am Fünferbild des Würfels orientierten Schemas – gepflanzt und von Hecken und Wegen umschlossen, werden von je vier Dichterbüsten flankiert: zum Schloss hin von den deutschen Zeitgenossen Goethe, Schiller, Herder und Wieland, zum Park von den italienischen Renaissancedichtern Ariost, Tasso, Dante und Petrarca.

Römische Bäder

In Sichtweite des Schlosses Charlottenhof entstand zwischen 1829 und 1840 die malerische Gebäudegruppe der Römischen Bäder, die das ländliche Gegenstück zum Antikentraum von Charlottenhof darstellen. Ihr Name »Römische Bäder« bezieht sich auf einige Innenräume in der Art antiker römischer Villen und Thermen, wie sie wenige Jahrzehnte zuvor in Pompeji und Herculaneum ausgegraben worden und in Mode gekommen waren. Die Potsdamer Antikennachahmung diente weniger dem Wohnen als den romantischen Tagträumen des Bauherrn Kronprinz Friedrich Wilhelm (IV.), der sich mit zahlreichen eigenen Skizzen am Entwurfsprozess beteiligte. Nach außen treten die ab 1835 entstandenen Räume nicht in Erscheinung, ihr erlesener Ausstattungsluxus verbirgt sich hinter den dunklen Bögen einer Arkadenhalle.

Architektonisch dominant ist das 1829/30 errichtete Gärtnerhaus für den Königlichen Oberhofgärtner Hermann Ludwig Sello, das nach Entwürfen Karl Friedrich Schinkels unter der Bauleitung von Ludwig Persius entstand. Das mit flachen Satteldächern und einem niedrigen Turm versehene Gebäude orientiert sich an toskanischen Bauernhäusern des 15. Jahrhunderts und begründete einen populären Bautyp. Persius und andere Architekten errichteten zunächst für Angestellte des Hofes, später auch für private Bauherren in Potsdam und Berlin etliche meist turmbewehrte Villen im italienisch-ländlichen Stil.

Oben: Unmittelbar am künstlich angelegten Maschinenteich erhebt sich ein Pavillon in Gestalt eines griechischen Prostylos. Der kleine Tempel ist ein Geschenk König Friedrich Wilhelms III. an den Kronprinzen zu dessen 35. Geburtstag im Jahr 1830. Pavillon und Gärtnerhaus sind durch eine mit Wein berankte Pergola verbunden.

Nächste Doppelseite: Unweit von Schloss Charlottenhof erhebt sich die Baugruppe der Römischen Bäder. Sie entstand als Gemeinschaftswerk von Kronprinz Friedrich Wilhelm (IV.), den Architekten Karl Friedrich Schinkel und Ludwig Persius sowie dem Gartengestalter Peter Joseph Lenné.

Oben: Vom Dach der schlichten Arkadenhalle, die das eigentliche Römische Bad zum Hof hin abschließt, blickt man auf eine üppige geometrische Gartenanlage. In den Schmuckbeeten werden neben exotischen Zierpflanzen auch mediterrane Nutzpflanzen wie Artischocken präsentiert. Im Hintergrund erkennt man die künstliche Insel im Maschinenteich sowie rechts zwischen Bäumen Schloss Charlottenhof.

Links: Das Gärtner- und das Gehilfenhaus verbindet eine große offene Laube. Um das raffinierte Wechselspiel von Innen und Außen, Hell und Dunkel, Kleinteilig und Großzügig genießen zu können, laden überall in den Römischen Bädern Ruhesitze und Bänke zum Verweilen ein. Antike oder mittelalterliche Spolien wie das »venezianische« Kapitell vermitteln den Eindruck eines historisch gewachsenen Ensembles.

Links: Nach dem Atrium (S. 32) betritt der Besucher des Römischen Bades das Impluvium. Vier dorische Säulen stützen das Gebälk unter dem teilweise geöffneten Dach. Ursprünglich konnte hier auch das Regenwasser, das in einem quadratischen Steinbecken gesammelt wurde, ungehindert einfallen. Die Wände bemalte Bernhard Wilhelm Rosendahl mit einem antikisierenden Figurenfries nach Entwürfen Schinkels.

Unten: Das Caldarium, dem Warmwasserbad römischer Thermen nachgebildet, wird durch die effektvoll von oben beleuchtete Badenische beherrscht. Vier Gebälkträgerinnen (Karyatiden) aus weißem Carrara-Marmor nach antiken Vorbildern unterstreichen die erhabene Inszenierung des Raums. Davor im Boden eingelassen ist eine Kopie des berühmten Fußbodenmosaiks mit der Alexanderschlacht, das erst 1831 in der Casa del Fauno in Pompeji entdeckt worden war.

Hippodrom

Oben: In der westlichen Gartenachse von Charlottenhof schließt sich an den Dichterhain und das Maiblumenstück seit 1836 das von Lenné gestaltete Hippodrom an. Plinius der Jüngere beschreibt in seinen Briefen einen als Hippodrom – in der griechisch-römischen Antike der Begriff für Pferderennbahn – bezeichneten Garten. Auch in Potsdam entstand so ein mit Gehölzen in gestaffelter Wuchshöhe umpflanztes Refugium.

Links: Mit der Anlage des Hippodroms verfolgte der antikenbegeisterte Kronprinz eigentlich ein viel größeres Ziel: den Bau einer Villa nach antik-römischem Vorbild. Etliche eigenhändige Entwurfsskizzen legte er seinem Architekten Schinkel vor, der daraus einen megalomanen, immer wieder erweiterten Gesamtentwurf entwickelte. Gebaut wurde schließlich nur das kleine Stibadium, ein weinumrankter Ruheplatz mit Wasserbecken.

Fasanerie

Oben: Auch banale Wirtschaftsgebäude glänzen hier durch klassische Form: Die Fasanerie, die Schinkels Schüler und Nachfolger Ludwig Persius von 1842 bis 1844 in Form einer italienischen Turmvilla errichtete, bildet den westlichen Abschluss des Charlottenhofer Ensembles. Umgeben ist die Fasanerie vom Fasanengarten, der Weideflächen und Teiche für die Fasanenzucht bereithielt. Nach Jahrzehnten der Verwilderung ist er inzwischen wieder weitgehend rekonstruiert.

Rechts: Mit dem Ersten Weltkrieg endete die Fasanenzucht in Sanssouci, seitdem diente die Fasanerie als Wohngebäude. Bei der Verlegerin Irmgard Kiepenheuer waren in den 1920er-Jahren der Architekt Mies van der Rohe und der Künstler Kurt Schwitters zu Gast. In den 1930er-Jahren wohnte der Dirigent Wilhelm Furtwängler in der Fasanerie, später der damalige Generaldirektor der Schlösser und Gärten, Willy Kurth.

Orangerieschloss

Seine Architekten waren gewiss nicht zu beneiden. Die Neue Orangerie entstand zwischen 1851 und 1864 auf Wunsch Friedrich Wilhelms IV., der persönlich umfängliche Planungen dafür anstellte. Friedrich August Stüler und Ludwig Ferdinand Hesse oblag es, aus oftmals wechselnden königlichen Direktiven machbare Architektur zu schaffen. An der Vorplanung ab 1842 war schon Ludwig Persius beteiligt gewesen. Dass die Orangerie trotz der langen Bauzeit zu einem beeindruckenden Ganzen geworden ist, spricht für den langen Atem der an der Planung Beteiligten – einschließlich des architektonisch hochbegabten Königs.

Der Außenbau vereint Motive der italienischen Hoch- und Spätrenaissance, so der Villa Medici und der Uffizien. Im Inneren gehört der Raffaelsaal zu den wichtigsten erhaltenen Museumsräumen des 19. Jahrhunderts, er war zu allen Zeiten der Öffentlichkeit zugänglich. Seitlich an den Raffaelsaal schließen sich zwei Prunkappartements an, deren Ausstattung sich an die französischen Königstile des 18. Jahrhunderts anlehnt. Die westlichen Räume waren dem König, die östlichen der Königin zugedacht. Sie dienten allerdings hauptsächlich als Gästewohnungen, unter anderem für die Schwester Friedrich Wilhelms IV., Zarin Alexandra Feodorowna. Diese bewohnte das Appartement jedoch nur ein einziges Mal.

Vorige Doppelseite: Auf dem Bornstedter Höhenzug am Nordrand des Parks sollte eine Triumphstraße aus monumentalen Gebäuden, Viadukten, Terrassen und Gartenanlagen entstehen. Die Orangerie gehört zu den wenigen realisierten Teilen des Mammutprojekts. Auf dem 1913 unterhalb der Orangerieterrassen angelegten Neuen Stück steht die verkleinerte Marmorreplik von Christian Daniel Rauchs Reiterstandbild Friedrichs des Großen.

Oben: Ein Hauch von Melancholie: Friedrich Wilhelm IV., der Romantiker auf dem Thron, erlebte die Vollendung der Orangerie nicht mehr. Er starb am 2. Januar 1861 im nahen Schloss Sanssouci. Die Statue des Königs von Gustav Bläser wurde erst 1873 in der Hauptachse des Mittelbaus aufgestellt.

Rechts: Noch heute erfüllt die Orangerie ihren eigentlichen Zweck: In den beiden nach Süden ausgerichteten Pflanzenhallen überwintern Hunderte wertvoller exotischer Topf- und Kübelpflanzen, die im Sommer dem Park ein südliches Flair verleihen. Die historischen Hallen zählen mit einer Länge von jeweils über 100 Metern zu den größten in ganz Europa – und zu den schönsten.

Unten: Über 300 Meter hinweg erstreckt sich der Komplex der Neuen Orangerie auf dem Höhenzug. Große triumphbogenartige Arkadenhöfe verbinden die beiden Seitenpavillons mit dem Hauptgebäude. Durch die Bögen hindurch fällt der Blick auf das in der Sichtachse stehende Belvedere auf dem Klausberg. Die Wohnungen in den Querflügeln dienten als Logis höherer Hofbediensteter.

Links: Der italienische Renaissancemaler Raffael war posthum zu einer Art Popstar des 19. Jahrhunderts geworden. Im Raffaelsaal der Orangerie, der direkt auf eine Idee Friedrich Wilhelms IV. zurückgeht, hängen über 50 Kopien nach seinen Gemälden, darunter eine Replik der **Sixtinischen Madonna**. Die Bilder stammen zum Teil aus der Sammlung Friedrich Wilhelms III., dem sein Sohn hier ein Denkmal setzte.

Rechts: Das Lapislazulizimmer im östlichen Appartement des Orangerieschlosses ist als Wohn- und Empfangszimmer gedacht. Das Blau der Möbel und das Weiß der Wände können als Hommage an die bayerische Herkunft der Königin Elisabeth gelesen werden.

Unten: Das Malachitzimmer im östlichen Appartement sollte als Wohn- und Schlafzimmer der Königin dienen und trägt seinen Namen wegen der grünen Malachitsäulen und Pfeiler, die mit dem Rot der Wände reizvoll kontrastieren. Der Skulpturenschmuck, darunter Arbeiten von Bertel Thorvaldsen und Karl Hassenpflug, umkreist die Themen Liebe und Kinder und entspricht der Funktion des Raums als Aufenthaltsort der königlichen Familie.

Orangerieterrassen

Mit den umfangreichen Erdarbeiten für die Terrassenanlagen wurde im Revolutionswinter 1848/49 begonnen. Friedrich Wilhelm IV. schwebte auf dem etwa drei Hektar großen Gelände ein spektakulärer Terrassengarten in der Art der Villa d'Este in Tivoli vor, für den Peter Joseph Lenné gärtnerische Entwürfe lieferte. Wegen des schleppenden Baufortschritts der Gesamtanlage gelangten die beiden oberen Terrassen erst zwischen 1860 und 1862 nach vereinfachten Plänen zur Ausführung. Die untere dritte Terrasse entstand 1913, lehnt sich jedoch in der Formensprache kongenial an die ein halbes Jahrhundert älteren Anlagen an.

Oben: Das Orangerieschloss ist von aufwendigen Terrassen- und Gartenanlagen umgeben, die mit breiten Treppenanlagen zwischen dem Höhenzug und dem Parkniveau vermitteln. Die obere Terrasse entwarf Friedrich August Stüler nach Skizzen Friedrich Wilhelms IV. Sie wird von einer Brunnenanlage und reichem Pflanzenschmuck bestimmt. Auf der Balustrade steht ein Bronzenachguss der **Kranzwerfenden Viktoria** von Christian Daniel Rauch.

Rechte Seite oben: Zum 25. Jubiläum seiner Thronbesteigung im Jahr 1913 ließ Kaiser Wilhelm II. unterhalb der Orangerie eine weitere Terrasse hinzufügen. Die elliptische Jubiläumsterrasse wird von der Maulbeerallee durchschnitten und läuft über ein halbrundes Wasserbecken im Hippodrom des Neuen Stücks aus. Neobarocke Treppen und Balustraden sind hier ganz in der Tradition des 19. Jahrhunderts gehalten.

Rechte Seite unten: Die Skulptur des Bogenschützen von Ernst Moritz Geyger ziert das Neue Stück vor den Orangerieterrassen. Die Gesamtanlage zählt zu den spektakulärsten Raumschöpfungen von Sanssouci und zeugt von den monumentalen Architekturvisionen ihres Erfinders Friedrich Wilhelm IV. Der Journalist Victor Auburtin nannte sie 1911 eine »kolossale Zwecklosigkeit«.

Sizilianischer und Nordischer Garten

Oben: Süd trifft Nord: Zwischen Orangerie und Schloss Sanssouci liegen die von Lenné als Pendants konzipierten Raumschöpfungen des Sizilianischen und des Nordischen Gartens. Der Sizilianische Garten ist gegen die Maulbeerallee mit einer Terrassenmauer geschützt. Seine subtropischen immergrünen Hartlaubgewächse und Koniferen sowie die Laubengänge und Wasserbassins sollen laut Hofgärtner Theodor Nietner »einen Garten in einem südländischen (italienischen) Klima darstellen«.

Rechts: Der Nordische Garten befindet sich nördlich der Maulbeerallee oberhalb des Sizilianischen Gartens. Der steil abfallende Hang ist mit immergrünen Nadelgehölzen bepflanzt. Hier dominieren dunklere Töne, in schattigen Seitengängen locken Figurengruppen wie die Antikenkopie von Amor und Psyche. Die von Lenné inszenierte Korrespondenz von nördlicher und südlicher Vegetation bedeutete eine Neuerung in der Gartenkunst des 19. Jahrhunderts.

Paradiesgarten

Oben: Der Paradiesgarten südwestlich der Orangerie gehört zu den zauberhaftesten Gartenkunstwerken Sanssoucis. Er wurde 1841/42 vom Königlichen Oberhofgärtner Hermann Ludwig Sello als Fruchtgarten angelegt: Wein, Mais, Kürbis und Artischocken gedeihen hier. Außerdem gibt es einen Teich mit Sumpf- und Wasserpflanzen, Gebirgspflanzen, den Rhododendrenhang und einen Heidegarten. Eine malerische Wasserkaskade nach einem Entwurf Ludwig Ferdinand Hesses bildet Blickfang und Höhepunkt des Gartens.

Rechts: Bei seinen Plänen für den Paradiesgarten orientierte sich Friedrich Wilhelm IV. an den Beschreibungen des römischen Senators und Literaten Plinius dem Jüngerem. Diesem Ideal entspricht auch das 1845/46 errichtete Stibadium, ein quadratisches Atrium mit Wasserbecken. Das originelle kleine Bauwerk nach Entwürfen von Ludwig Persius ist nach langwieriger Restaurierung seit 2010 wiederhergestellt. Farbige Glasvasen aus der schlesischen Josephinenhütte schmücken seitdem wieder seinen offenen Dachgesimsfries. Sie sollen an antike Weihgeschenke erinnern und reflektieren buntes Licht in den Innenraum.

Friedenskirche

Nur wenige Meter abseits der Hauptallee erhebt sich die malerische Baugruppe der Friedenskirche mit ihrem Campanile am Ufer eines künstlichen Sees. Friedrich Wilhelm IV. war tiefreligiös und träumte von der Wiederbelebung urchristlicher Traditionen. Sein besonderes – auch wissenschaftlich begründetes – Interesse galt den frühchristlichen Basiliken Roms. Die von Ludwig Persius entworfene und in dessen Todesjahr 1845 begonnene Friedenskirche wurde 1848 geweiht.

Oben: Die Friedenskirche mit der Gruft des Königs und seiner Gemahlin Elisabeth von Bayern vereint die Gestalt einer frühchristlichen römischen Basilika ohne Querhaus mit Motiven des deutschen Mittelalters. Der Kuppelbau rechts wurde nachträglich als Mausoleum für den 1888 nur 99 Tage regierenden Kaiser Friedrich III. und seine englische Frau Viktoria errichtet.

Links: In ihrem Inneren zeigt die Friedenskirche den typischen Aufbau einer frühchristlichen Basilika: Das 13,5 Meter hohe Mittelschiff überragt mit seinem schlichten Obergaden die halb so breiten Seitenschiffe. Rundbogenarkaden markieren den Übergang. Das byzantinische Mosaik mit dem thronenden Christus in der Apsis stammt aus der Kirche San Cipriano auf Murano bei Venedig. Friedrich Wilhelm IV. ersteigerte es für 385 Taler und ließ es nach Potsdam bringen. Goldene Sterne auf blauem Grund schmücken den flachen offenen Dachstuhl.

Unten: Kreuzgang, Atrium und überdachter Säulengang machen die Friedenskirche zu einer Hommage an mittelalterliche Klosterbauten. Die überlebensgroße Christusstatue auf dem Brunnen im Zentrum des Atriums ist eine Kopie des marmornen Originals, das der dänische Bildhauer Bertel Thorvaldsen für die Kopenhagener Frauenkirche schuf. Die altgriechische Umschrift auf dem Brunnenrand besagt: »Reinige dich von Sünden und nicht nur dein Antlitz.«

Marlygarten und Marlyschlösschen

Links: Der Marlygarten, ehemals Küchengarten Friedrich Wilhelms I., wurde von Peter Joseph Lenné im Zuge der Bauarbeiten an der benachbarten Friedenskirche zu einem zauberhaften Ort der Stille umgeformt. Sanfte Hügelzüge wie der von einer Statue der Frühlingsgöttin Flora gekrönte Florahügel, Blumenbeete und Ziersträucher gliedern das Gelände. Den Zeitgenossen galt der Marlygarten als ein Muster landschaftlicher Gartenkunst.

Unten: Gemeinsam mit dem Predigerhaus und der Friedenskirche bildet das direkt am Grünen Gitter gelegene Marlyschlösschen ein architektonisches Ensemble, das sich mit seiner Hauptfront zum Friedensteich öffnet. Die Entwürfe für die malerische Gebäudegruppe stammen von Ludwig Persius und Friedrich August Stüler und folgen den architektonischen Ideen von Friedrich Wilhelm IV.

Villa Illaire

Rechts: Das im 18. Jahrhundert für den Hofgärtner Voss erbaute Hofgärtnerhaus am Ökonomieweg wurde 1844 nach Plänen von Ludwig Persius für Ernst Emil Illaire, den Geheimen Kabinettsrat von Friedrich Wilhelm IV., umgestaltet. Seitdem heißt es auch Kleines Kabinetthaus. Das ockerfarbene Gebäude der Villa Illaire mit seiner Addition unterschiedlicher Baukörper ist ein gutes Beispiel für die italianisierenden Villen, die Persius und seine Nachfolger in Potsdam bauten und die viel zum südlichen Flair der Stadt beitragen.

Unten: Das von Persius entworfene Stibadium der Villa Illaire wurde als Teepavillon genutzt. Ludwig Ferdinand Hesse veränderte das tempelartige Gebäude 1851, indem er die Apsis durch einen Balkon ersetzte. Von dessen Brüstung schweift der Blick über die Mosaikfontaine in den Marlygarten.

Gartenkunst und Gartendenkmalpflege in Sanssouci

Friedrich der Große war ein Gartenliebhaber, der nicht nur auf Ästhetik sondern auch auf Nutzbarkeit Wert legte. Überall im Park Sanssouci ließ er Nutzgärten anlegen, in denen einheimische und exotische Gemüse- und vor allem Obstsorten wie Ananas und Melonen gezogen wurden. Entsprachen diese nicht seinen Qualitätsvorstellungen, konnte »des Königs Majestät ... bei dem geringsten Mangel sehr ungnädig« werden.

Johann Gottlob Schulze, der diese Erinnerung überliefert hat, war zwischen 1790 und 1828 erster Gartendirektor der neu geschaffenen Gartendirektion in Sanssouci. Peter Joseph Lenné wurde sein Nachfolger. In friderizianischer Zeit hatten die einzelnen Gartenreviere jeweils direkt einem Hofgärtner unterstanden. Die Hofgärtner blieben auch weiterhin unverzichtbare Fachleute in »ihrem« Revier, ihr Wissen wurde oft von Generation zu Generation weitergegeben: Die durch Johann Justus Sello, den Planteur des Berliner Tiergartens, begründete Gärtnerdynastie Sello etwa wirkte in Sanssouci von Friedrichs Zeiten bis zum Ende der Monarchie.

Mit der Gründung der staatlichen Schlösserverwaltung nach 1918 rückten verstärkt gartendenkmalpflegerische Aufgaben in den Blick: Wie erhält und pflegt man ein dynamisches, sich stetig wandelndes Gartenkunstwerk, sodass die Intentionen seiner Schöpfer sichtbar bleiben? Nach beeindruckenden Wiederherstellungs- und Regenerationsmaßnahmen – etwa der Rekonstruktion des friderizianischen Ursprungszustands der Weinbergterrassen von

Unten links: Neuland in Gärtnerhand: Als das Gut Charlottenhof 1825 zum Verkauf stand, beendete Friedrich Wilhelm III. die Aussicht vom Schlosspark auf »Kohl- und Krautgärten«, indem er das etwa 100 Hektar große Gelände kaufte und seinem ältesten Sohn zu Weihnachten schenkte. Als Kronprinz Friedrich Wilhelm das Geschenk im Frühjahr 1826 übernahm, lag bereits ein von Peter Joseph Lenné eigenhändig gezeichneter Plan vor, der die Grundlage für die Neugestaltung von Charlottenhof bildete.

Unten rechts: Kein anderer hat das Bild des Parks Sanssouci so beeinflusst wie er: Der aus einer alten rheinischen Gärtnerfamilie stammende Peter Joseph Lenné erhielt 1816 eine Gehilfenstelle im Neuen Garten. 1828 zum Königlichen Gartendirektor in Potsdam berufen, dachte Lenné weit über Parkgrenzen hinaus. Bekannt ist sein **Verschönerungs-Plan der Umgebung von Potsdam** (1833). Er starb am 23. Januar 1866 in Potsdam, kurz vor seinem 50. Dienstjubiläum, für das dieser silberne Lorbeerkranz gefertigt wurde. Auf jedem der 50 vergoldeten Blätter ist der Name einer von Lenné entworfenen Gartenanlage eingraviert.

Sanssouci von 1978 bis 1983 – müssen sich die Fachleute der Gartendirektion der Stiftung Preußische Schlösser und Gärten nun neuen Herausforderungen stellen: Derzeit erforschen sie gemeinsam mit Kollegen aus aller Welt den Einfluss des Klimawandels auf historische Gartendenkmale.

Oben: In 150 Jahren war aus dem barocken Heckentheater am Neuen Palais ein waldähnliches Parkgrundstück geworden. Ursprünglich diente es wohl nicht nur der Aufführung höfischer Lust- und Trauerspiele, sondern auch als Ort für Gartenfeste. Moderne geophysikalische und gartenarchäologische Methoden erlaubten zwischen 2009 und 2012 die Rückgewinnung des Heckentheaters. Ermöglicht wurde die Maßnahme durch den Förderverein Freunde der Preußischen Schlösser und Gärten e. V.

Links: Noch vor zehn Jahren waren die Mitte des 18. Jahrhunderts östlich der Bildergalerie angelegten Weinbergterrassen am Winzerberg vom Einsturz bedroht. 2004 gründeten engagierte Potsdamer Bürger den Bauverein Winzerberg e. V. und legen seither unter fachlicher Aufsicht und Beratung der Stiftung Preußische Schlösser und Gärten beherzt selbst Hand an. In unzähligen freiwilligen Arbeitsstunden konnten bereits große Teile der Terrassenanlage saniert werden. 2012 wurden die ersten neuen Reben gepflanzt.

Umschlagvorderseite: Chinesisches Haus
Vordere äußere Umschlagsklappe: Hauptallee mit Blick zum Neuen Palais
Vordere innere Umschlagsklappe: Parkplan Sanssouci (Kartografie © SPSG)
Hintere innere Umschlagklappe: Stammbaum der Regenten des Hauses Hohenzollern von Kurfürst Friedrich Wilhelm von Brandenburg bis Kaiser Wilhelm II.
Umschlagrückseite: Blick auf Sphinx und östlichen Stichgraben, im Hintergrund Schloss Sanssouci

Fotonachweis:
Sämtliche Abbildungen stammen aus dem Archiv der Stiftung Preußische Schlösser und Gärten Berlin-Brandenburg (Fotografen: Hans Bach, Achim Bednorz, Klaus G. Bergmann, Stefan Firck, Marco Geisler, Roland Handrick, Jürgen Hohmuth, Hagen Immel, Bernd Kröger, Daniel Lindner, Michael Lüder, Gerhard Murza, Wolfgang Pfauder, Matthias Schulz, Leo Seidel, Matthias Zeckert) mit Ausnahme von: Bauverein Winzerberg e. V.: S. 63 unten

2. Auflage 2019

Die Deutsche Nationalbibliothek verzeichnet diese Publikation in der Deutschen Nationalbibliografie; detaillierte bibliografische Daten sind im Internet über http://www.dnb.de abrufbar.

Prestel Verlag, München
in der Verlagsgruppe Random House GmbH
Neumarkter Straße 28
81673 München
Tel. +49 (0)89 4136-0
Fax +49 (0)89 4136-2335

www.prestel.de

Projektleitung Prestel und Lektorat: Sandra Leitte
Koordination SPSG: Elvira Kühn
Korrektorat: Claudia Wagner, Starnberg
Gestaltung: SOFAROBOTNIK, Augsburg & München
Herstellung: Cilly Klotz
Lithografie: Reproline mediateam GmbH & Co. KG, Unterföhring
Druck und Bindung: Aumüller Druck GmbH & Co. KG, Regensburg
Papier: 150 g/qm Luxo Art Silk FSC

MIX
Paper from responsible sources
FSC® C017373

Verlagsgruppe Random House FSCRN001967
Das Papier Luxosatin ist FSC® zertifiziert

Gedruckt in Deutschland
ISBN 978-3-7913-5372-2